ANTONELLA ANEn family in Rome, where six books of poetry, inc Residences, 1992), *Il c* and *Salva con nome* (Sa the prestigious Viareggio Prize. Among her books of prose are *La vita dei dettagli*, a study of details in works of art, and *Isolatria*, a book about La Maddalena, her family's native region of Sardinia. She is a lecturer in Italian modern literature at the University of Lugano, Switzerland, and is also well-known as a translator of classical and French literature.

PATRIZIO CECCAGNOLI is a translator, a managing editor of *Italian Poetry Review*, and a professor of Italian at the University of Kansas. He co-edited a posthumous novel by Filippo Tommaso Marinetti, *Venezianella e Studentaccio*, for which he was nominated for the Marino Moretti Award. He has been a finalist for the American Literary Translator's Association Annual Award for his work co-translating Milo de Angelis.

SUSAN STEWART is a poet, critic, and translator and serves as the Avalon Foundation University Professor in the Humanities at Princeton. A former MacArthur Fellow and Chancellor of the Academy of American Poets, she is the author of six books of poems, including *Columbarium*, which won the National Book Critics Circle Award, and, most recently, *Cinder: New and Selected Poems*. Her many prose works include *On Longing, Poetry and the Fate of the Senses*, and *The Ruins Lesson: Meaning and Material in Western Culture*.

# Antonella Anedda

## *Historiae*

TRANSLATED FROM THE ITALIAN AND
THE SARDINIAN BY PATRIZIO CECCAGNOLI
AND SUSAN STEWART

**NYRB**/POETS

NEW YORK REVIEW BOOKS   *New York*

THIS IS A NEW YORK REVIEW BOOK
PUBLISHED BY THE NEW YORK REVIEW OF BOOKS
207 East 32nd Street, New York, NY 10016
www.nyrb.com

This book was translated thanks to a grant awarded by the Italian
Ministry of Foreign Affairs and International Cooperation.

Library of Congress Cataloging-in-Publication Data
Names: Anedda, Antonella, author. | Stewart, Susan, 1952– translator. |
  Ceccagnoli, Patrizio, translator.
Title: Historiae / by Antonella Anedda; translated from the Italian by
  Susan Stewart and Patrizio Ceccagnoli.
Other titles: Historiae. English
Description: New York: New York Review Books, [2023] | Series: New York
  Review Books poets |
Identifiers: LCCN 2022028018 (print) | LCCN 2022028019 (ebook) | ISBN
  9781681376967 (paperback) | ISBN 9781681376974 (ebook)
Subjects: LCSH: Anedda, Antonella—Translations into English. | LCGFT:
  Poetry.
Classification: LCC PQ4861.N363 H5713 2023 (print) | LCC PQ4861.N363
  (ebook) | DDC 851/.914—dc23/eng/20220705
LC record available at https://lccn.loc.gov/2022028018
LC ebook record available at https://lccn.loc.gov/2022028019

ISBN 978-1-68137-696-7
Available as an electronic book; ISBN 978-1-68137-697-4

Cover and book design by Emily Singer

Printed in the United States of America on acid-free paper.
10 9 8 7 6 5 4 3 2 1

# Contents

*Observatory /*
*Osservatorio*

## Limbas

Onzi tandu naro una limba mia
da inbentu in impastu a su passado
da dongu solamenti in traduzione.


Ogni tanto uso una lingua mia
la invento impastandola al passato
non la consegno se non in traduzione.

# Languages

Once in a while I use a language of mine
I invent it, kneading it with the past
I don't hand it over except in translation.

## II

Sa luna chilliat in su core de l'isula
su silenzio infossa in sa bidda des gurules mortas.
Comenti in tempos de Roma
ispingherent in sos puthus sos mortorzus

Cusint su piumu
ki fat drittu s'oru
de sa beste de prantu.


La luna gela dentro il cuore dell'isola,
il silenzio s'infossa nel paese delle gole morte.
Come al tempo di Roma
spingono le carcasse nei pozzi

Cuciono il piombo
che fa dritto l'orlo
del vestito di lutto.

## II

The moon freezes in the heart of the island,
the silence slips into the land of dead gorges.
Just as in the era of the Romans
corpses were pushed into the wells

They sew lead inside
the hems of the widow's weeds
to straighten them.

## Clima, isole, scorie

Quanta pioggia che dorme
tra la mandria di nubi quanti
sciami di api pronti a fendere l'estate
e intanto l'isola slitta schiacciata contro il cielo
senza sorgenti e prati, senza colline
di mandorli e noccioli
senza-mai-fiori se non questi—dolcemente
radioattivi—anemoni di mare.

# Climate, Islands, Scum

How much rain sleeps
in the herd of clouds how many
swarms of bees are ready to cleave the summer
and in the meantime the island slides smashed
    against the sky
with no springs or meadows, no hills
of almonds and hazelnuts
always-without-flowers but these—sweetly
radioactive—sea anemones.

## Osservazione 1

L'alba ci fa coraggio
questa luce che sale ci spinge ad ascoltare
dissolve ciò che deve. Dice:—ora
comincia a perlustrare
te per prima, scollando dalla mente la pelle del passato
prendendo senza ira il tuo nulla tra le dita.


S'albeschida faghet voluntate
sa luxi ki benit ispinghet a iscultare
isfagheret su ki debet. Narat:—hora
prinzipia a investigare
te po prima staccando sa pelle dal passato
pigandi su nulla intras ditas, sinza ira.

## Observation 1

The dawn gives us courage
this rising light urges us to listen
dissolving what it must. It says:—now
begin to scour
yourself first, peeling the skin of the past from the mind
holding your nothingness between your fingers, without
    anger.

## Osservazione 2

L'acqua e la terra e tutte le misture portate a corruzione
la vita bellissima e crudele
e il viso di una giovane infermiera
che traluce nel globo della flebo
davvero *come perla su una fronte chiara.*

Fuori appena intravisto, un albero di tasso
spinge comunque nel prato le radici.
Cerca l'acqua nascosta. Non so l'ora precisa,
ma è inverno, pomeriggio,
si accendono i lampioni nei cortili.
Sul ponte che unisce i reparti più lontani,
altri visi, altri corpi sfavillano tra i vetri
in un moto sospeso che ci acquieta
come una nave in porto dopo la traversata.

# Observation 2

*Water and earth and all that they compose led to*
    *corruption,*[*]
the beautiful and cruel life
and the face of a young nurse
that shows through the globe of the IV
indeed *like a pearl on a white forehead.*[†]

Outside barely glimpsed, a yew
still pushes its roots into the field.
It searches for hidden water. I don't know the exact time,
but it's winter, afternoon,
in the courtyards the streetlamps brighten.
On the bridge that connects the farthest wards,
other faces, other bodies shine between windows
in a suspended motion that calms us
like a ship reaching port after the crossing.

---

[*]See Dante, *Paradiso*, VII,, 124–26: "Tu dici: 'Io veggio l'acqua, io veggio il foco, / l'aere e la terra e tutte lor misture / venire a corruzione, e durar poco." ("You say: 'I see water, I see fire, / air and earth and all their combinations / come to corruption and do not last long.")
[†]See Dante, *Paradiso*, III, 14: "che perla in bianca fronte" ("that pearl on a white forehead.")

## Osservazione 3

Orione il cacciatore che sorveglia la notte.
L'inverno che si addensa dove il buio gela la faggeta.
Sotto la luna la collina brulica di ossame,
di fossili di felci e di animali.
L'Auriga invece a forma di pentagono
tiene con le briglie le stelle,
il carro corre nell'aria e di nuovo la collina
mostra il suo erbario dove ogni foglia e spina
s'illumina d'oro a ogni venatura.

# Observation 3

Orion the hunter who monitors the night.
The winter that thickens where the dark freezes the
    beeches.
Under the moon the hill teems with bones,
fossils of ferns and animals.
Auriga, instead, shaped like a pentagon,
holds the bridle of the stars,
the chariot crosses the air and again the hill
displays its herbarium where every leaf and thorn
shines with gold in every vein.

# *Tauridi*

Quando fin dal mattino ci si arrende al caldo
aspettando la notte
con le pompe che lavano le strade
e l'asfalto fuma di vapore,
quando la vita non è un intreccio
ma un balbettío di digressioni
affiora dal torpore l'immagine di un'acqua
intravista in campagna tra le felci e le ortiche,
tesa come un lenzuolo come mollette di rami
e un catino di sassi verde-gelo.
Di colpo allora quella tregua consola
anche noi scettici, come quando un inverno
affacciandoci per caso ad un balcone abbiamo visto
lo sciame delle Tauridi fendere a sorpresa il cielo buio.

# Taurids

When since morning we surrender to the heat
waiting for nightfall
as hoses are washing down the streets
and the asphalt smokes with steam,
when life is not a plot
but a stutter of digressions
out of the torpor comes the image of a water
glimpsed in the countryside among ferns and nettles,
stretched like a bedsheet between clothespins of branches
and a basin of ice-green stones.
Suddenly then that truce soothes
even skeptics like us, just as in winter
looking out by chance from a balcony we saw
the swarm of Taurids slit the dark sky by surprise.

# Quaderno

*Guardavo, allontanandomi, un oriente di conifere.*
—Osip Mandelstam

Guardavo, avvicinandomi, un torrente di olivi
vicino all'acqua con rami azzurro-fumo.
La luna già salita conciava intorno al monte
una pelliccia di nebbia.
Samos, spolpami, sputami sulla sabbia
con un fondo di vetro.
Pulisci la mia scorza, risuscita soltanto ciò che è vivo.
Scomponimi di atomi, lasciami attraversare dalle luci.

# Notebook

*I watched, as I walked away, an east of conifers.*
—Osip Mandelstam

I watched, close to me, a creek of olive trees
their blue-smoke branches close by the water.
The moon, already risen, tanned a pelt
of fog around the mountain.
Strip me, Samos, spit me on the sand
with its glass floor.
Polish my skin, resuscitate only what is alive.
Break me down into atoms, let the lights go through me.

# Sciami, fotoni

Gas che collidono, tempeste, scontro di comete,
in questo cielo curvo che ci appare in pace
nessuna eco, nessun solco d'aratro,
nessun tragitto di linfa
dalla radice del platano al suo nero,
solo uno stormire di foglie
fino alla stella irraggiungibile
dove il tuo respiro rallentava.
Alla fine dell'inverno, senza neve
—è solo un altro lutto—mi dicevo—inosservato
nel mondo che s'intreccia al gelo.
All'improvviso invece in un angolo del letto
è apparso il sole, scavava silenzioso una sua strada
verso un luogo dove s'irradia luce
e non esistono i pronomi.

## Swarms, Photons

Colliding gases, storms, clash of comets,
in this curved sky that seems peaceful
no echo, no plowed furrow,
no flows of lymph
from the root of the sycamore to its black,
only a rustle of leaves
until the unattainable star
where your breath slowed.
At the end of winter, without snow
—it is only another grief—I used to say—unnoticed
in a world laced with ice.
Suddenly, instead, in a corner of the bed
the sun appeared, silently digging its own path
toward a place where light shines
and there are no pronouns.

# Geometrie

Davanti alla dismisura delle cose cerco di provvedere,
scendo nel loro baratro. Ogni volta riemergo
con il metro, il compasso, la mente piena di cifre.
Mi struggo per la geometria, mi ostino inutilmente
a calcolare l'area del cubo, del parallelepipedo,
del prisma, nomi di un'aria di cristallo priva di veleno.
È un sogno infantile di teorema,
un innesto di mondo su un segmento di radice.
Se la osservi rimanda a un'equazione, al suo quadrato,
con l'ala dei numeri che svetta su ciò che è smisurato.

## Geometries

Faced with the hyperbole of things I try to prepare myself,
I go down into their chasm. Every time, I resurface
with the meter stick, the compass, my mind full of figures.
I yearn for geometry, I try again in vain
to calculate the area of the cube, the parallelepiped,
the prism, names of a poison-free crystalline air.
It is the childish dream of a theorem,
a graft of the world slipped into a segment of root.
If you look at it, with its square, it hints at an equation,
with the wing of numbers soaring on what has no measure.

# Dicembre

Dicembre, non ancora Natale, e neppure Hanukkah.
Ancora poche luci accese nelle strade,
nessuna slitta con renne sui vetri dei negozi.
Al posto della neve pioggia nera battente,
a cui sfuggire mentre i passanti ci respingono.
Niente abeti, ma platani macchiati dal loro cancro bianco.

Può stupire non associare tutto questo alle tenebre,
al vuoto, alla paura. Eppure il buio non è buio,
l'acqua non è disagio, né l'indifferenza un'offesa.
Succede a volte fino a che siamo vivi,
di provare una pace inspiegabile. Forse la letizia
di cui parlano i santi e che non chiede niente,
è solo attenta, premuta sulla terra, distante dalle stelle.

# December

December, not yet Christmas, or Hanukkah.
Only a few lights lit in the streets,
no sleigh drawn by reindeer in shopwindows.
Instead of snow, a dark pouring rain
to dodge as passersby reject us.
No spruces, but sycamores with their white cankers.

It may be surprising not to link all of this to darkness,
emptiness, fear. Yet the dark isn't dark,
water isn't anxious, and indifference isn't an offense.
So long as we are alive, we might know, now and then,
an inexplicable peace: it happens. Maybe this is the joy
saints mention, the kind that asks for nothing,
it's merely careful, pressed to the earth, far from the stars.

# Galassie

*perché mi vinse il lume d'esta stella*
—Dante, *Paradiso*, IX, 33

Sognavo di osservare la terra da lontano,
vedevo i prati, la luna, la risacca
e come ogni marea scalzasse terra dall'acqua.
Volevo raggiungere Saturno, il mio pianeta
di fuoco e di piombo, dunque nutrivo la malinconia.
Ruotavo nella nebbia per cercarti ed eri giù
tra i vivi. Amavi chi non ero e non sarei mai stata
ma là nel vuoto, in quella luce siderale vedevo
l'autunno che filava foglie di verde-rame,
sentivo il tonfo del vento su un lenzuolo
mentre una voce chiamava un'altra voce
e questa rispondeva qualcosa nella sera
che avanzava con l'ombra sulle sedie.

Ero lassú già in gloria, già vinta dai lumi tra i pianeti
eppure mi struggevo ancora viva d'invidia per la vita.

# Galaxies

*because this planet's radiance overcame me*
—Dante, *Paradiso*, IX, 33

I dreamt that I saw the earth from far away,
I saw fields, the moon, the undertow
and how each tide undermines earth with water.
I wanted to reach Saturn, my planet
of fire and lead, so I was nourishing melancholy.
I was spinning in the fog looking for you and you were
    below
among the living. You loved who I was not and would
    never be
yet there in the void, in that sidereal light I saw
the autumn spinning the leaves with verdigris,
I was hearing the thud of the wind upon a bedsheet
as one voice was calling another
and this one responded as something in the evening
that was approaching with the shadow that fell on the
    chairs.

Already there in glory, already overcome by the radiance
    between planets,
and yet I was starving myself with envy for life.

## Povria

Lo sai la polvere non cade, ma si alza
Du sciri la povria non ruat, s'alzat

viene meno alla legge naturale disubbidendo
not noscit sa legge naturale dissubbidente

mentre la notte—che cade su di noi
inzandu ki sa nocte ruat

devasta i nostri occhi sulle cose.
ruinat sos nostros ogros subra cosas.

Grigio et canuto.
Grigio e canuto, colore della cenere e del fumo.

# Dust

You know that dust does not fall, it rises

it disregards the natural law by disobeying

while the night—that falls on us

ravages our eyes as they touch upon things.

Gray and frosted, the color of ash and smoke.

# Pelle, polvere

*a Elio G.*

Non esistono nomi, autrici, autori,
volano soltanto le parole, si mischiano
alla pelle che cade sui divani, quella
che ogni giorno perdiamo e offusca
le mensole, le sedie, i davanzali
e contro cui ci ostiniamo, spostandola,
facendola aspirare e che chiamiamo polvere.
Questo resta, la polvere e i suoi atomi sparsi,
cateti e ipotenusa per il teorema che chiamiamo poesia.

## Skin, Dust

*to Elio G.*

There are no names, authoresses, authors,
only shed words, mixing
with the skin falling on sofas, the skin
we lose every day as it blankets
shelves, chairs, windowsills
and that we keep trying to vanquish
by vacuuming, the skin we call dust.
This remains, dust and its scattered atoms,
squared sides and hypotenuse for the theorem we call poetry.

# *Acqua-dolce*

Ferma come una biscia che si finge morta
ma con gli occhi spalancati sul fondale
guardava l'acqua in cui bere, senza sale
senza la gola amara, solo la lingua liquida del fiume
tra le foglie di frassino e il canneto.
Sopravviveva in quel verde—in una tregua
mentre il greto le asciugava il vestito
con una luce di erba, ossa, ghiaia.


Firma commenti una colora ki si fingheret morta
ma cum sos ogros ispalancati 'n su fondale
intendeva s'abba ube biri, sensa sale
senza sa bula amara, solamenti sa limba isolta de su riu
intra sas fozas de su frassu et su cannedu.
Sopravvivirit in su virdi, induna pausa
inzandu ki su gretu secavat su bistidu
cum una lughe e' ossa, herba et ghiaia.

## Sweet Water

Still, like a grass snake playing dead
but with its eyes wide shut on the river floor
she was looking to drink the water, without salt
without a bitter throat, only the river's liquid tongue
among the ash leaves and the reeds.
In that green she was surviving—within a truce
while the bed of the river was drying her dress
with a light from grass, bones, and gravel.

# Nuvole, io

## 1.

Il documento viene salvato, lo schermo torna grigio,
lo stesso grigio topo del cielo.
Adesso mi alzerò per sparecchiare.
Vorrei disfarmi dell'io è la moda che prescrive la critica
ma la povertà è tale che possiedo solo un pronome.
Al massimo lo declino al plurale. Dico noi
e mi sento falsamente magnanima.
Dire voi o tu mi dà disagio come accusare.
La terza persona mi confonde ogni volta con il sesso.
Alla fine torno all'io che finge di esistere,
ma è una busta come quelle usate per la spesa
piena di verdura o pesce surgelato.
Io con l'io mi nascondo
chiamando a raccolta quello che sappiamo:
abbiamo paura, ancora non è chiaro come finirà la storia.
Dunque riapro la finestra dello schermo,
ritrovo il documento, esito davanti alla tastiera.
Salvo in una nube l'insalvabile.

# Clouds, I

I.

The document is saved, the screen turns gray,
a gray that matches the mouse-colored sky.
Now I will get up to clear the table.
I would like to rid myself of the I, just to be fashionable,
    as the critic
says I should, but I'm so poor I only own a pronoun.
The most I can do is decline it in the plural. I say *we*
and feel deceitfully magnanimous.
To say *you* is like accusing someone and makes me
    uncomfortable.
The third person confuses me every time because of the
    gender.
At the end I go back to the I who pretends to exist,
but it is a bag like any other in the grocery store
full of vegetables or frozen fish.
I hide myself with the I
rallying what we know:
we are scared, it is not yet clear how the story will end.
So I reopen the window on the screen,
I search the document, I dither in front of the keyboard.
I save in a cloud what cannot be saved.

**2.**

La sabbia quasi nera, il mare di cobalto.
Di colpo ero via da me stessa mi ero uscita di mente
in uno spazio che ancora non riconoscevo.
La pioggia all'improvviso quasi fossimo al Nord
e io non c'ero. Guardavo da un riquadro le cose
ero abbagliata da un lampo di magnesio dentro il cielo.
Lei, la me stessa con i piedi gelidi nell'acqua
non si muoveva frastornata dal vento.
Restava di spalle con lo sguardo puntato a un orizzonte
che solo lei vedeva. Allora ho ritirato i sandali,
l'asciugamano incrostato di sale. La pioggia finiva,
una nuvola schiariva nell'aria grigio-chiara.
Era tornato il tempo? Scorreva nuovamente qualcosa?
Ho lasciato me stessa laggiú, indisturbata.

**2.**

The sand was almost black, the sea cobalt blue.
Suddenly I went out of myself I was gone beyond my mind
in a space that I did not yet recognize.
And then abruptly the rain, almost as if we were in the
    North
but I wasn't there. I was looking at things through a frame,
I was dazzled by a magnesium light within the sky.
She, the real me with feet frozen in the water
dazed by the wind was stymied.
She was turned toward a horizon
that only she could see. Then I pulled back the sandals,
the towel crusted with salt. The rain was ending,
a cloud was clearing up in the light gray air.
Had time returned? Was something flowing again?
I left myself over there, undisturbed.

## Macchina

Le dita sulla tastiera del computer schioccano
—solo piú leggermente—
come un tempo la macchina per scrivere.
Era bello quel nome: macchina, ancora meglio
quando senza la c ritorna *machina*.
Impalcatura per un dio o un assedio,
ariete per abbattere le mura.
Rimandava a un arto di ferro, un ordigno
e un artiglio che ubbidiva al cervello.
Eppure non ha senso
rimpiangere il passato,
provare nostalgia per quello che
crediamo di essere stati.
Ogni sette anni si rinnovano le cellule:
adesso siamo chi non eravamo.
Anche vivendo—lo dimentichiamo—
restiamo in carica per poco.

# Machina

My fingers on the computer keyboard pop
—only more lightly—
just as the typewriter did once upon a time.
That name was beautiful: *macchina*, even better
when without a *c* it would go back to *machina*.
Scaffolding for a god or a siege,
battering ram to tear down walls.
It evoked an iron appendage, a device
and a claw obeying the brain.
And yet what's the point of mourning the past,
of being nostalgic for what
we believe we used to be.
Every seven years we replace our cells:
Now we are who we were not.
And even living—we forget—
we hold a charge for a little while.

## Quanti

Dicono i fisici che la morte
sia presente da sempre in uno spazio esatto
posata accanto alla nascita come un lume o una mela
o un oggetto qualsiasi sopra un tavolo.
Che il tempo dunque non c'è e dobbiamo dire ora e poi
solo per non impazzire, un anno dietro l'altro
piegando i giorni dentro i calendari
pensando i loro numeri appiattiti
quando invece ronzano pieni di larve e miele.

# Quanta

Physicists say that death
has been ever present in a certain space
set next to birth like a light or an apple
or any kind of object left on a table.
That time therefore does not exist and we must say so
  now and then
to keep ourselves from going insane, one year after another
folding days inside calendars
thinking of their one-dimensional numbers
when instead they buzz around full of larvae and honey.

## Alghe, anemone di mare

Vediamo il mondo quanto basta,
non di piú non di meno di quanto sopportiamo,
la testa che immergiamo nell'acqua è la sola promessa
di una vita ulteriore, nel grigio che sfuma ogni pensiero.
Le alghe oscillano arrossate dagli anemoni di mare.
La mente non fa male, il fondale trema
di una luce autunnale.
Vieni acqua buia intrecciami di ortica,
la crescita lenta è già finita.

# Algae, Sea Anemones

We see the world in the right amount,
no more no less than we can bear,
the head we immerse below the water is the only promise
of an afterlife, into the gray that shades every thought.
Algae waver reddened by sea anemones.
The mind doesn't hurt, the seabed trembles
with an autumnal light.
Come, dark water, weave me into the nettle,
the slow growth is already finished.

## Ruinas

È tanto facile disfare eppure questa specie si conserva
e avanza crollando lungo i secoli. Come un tempo
distruggono gli archivi, tutto si perde
e torna in altre forme.
Dalla scogliera sale un accenno di torre medievale,
ma per il resto l'acqua ruota in su senza memoria,
solo lapilli di schiuma e legni morti.
Una notte abbiamo fatto un fuoco là nelle rovine
soffiando sui picchi delle braci
credendoci a un passo dalla luce
oltre quel minimo sostare uno nell'altra,
provando inutilmente
a scostare la legge dell'essere vicini e poi perduti.

# Ruinas

Taking apart is so easy and yet this species saves itself
and advances through the centuries by collapsing. Once
archives are destroyed, everything is lost
only to come back in other forms.
A hint of a medieval tower rises from the cliff,
but otherwise the water spins upwards without memory,
only lapilli made of lather and dead wood.
One night we lit a fire there in the ruins
blowing on the embers' peaks.
We thought we were one step from the light
beyond the very least of lasting inside each other,
trying in vain
to push aside the law of being near and then lost.

Ruinas is a small municipality in the Sardinian province of Oristano and the
plural accusative of the Latin *ruina*, ruin.

## Geografia 1.

Giudico dalla mia geografia, qui non esistono vulcani
la terra non si spacca, le case restano
inchiodate sulle pietre. L'isola non ha lava, né vipere,
scivola impercettibilmente come i continenti
che si spostano al ritmo di un'unghia che si allunga.
S'incrina soltanto per il sole, troppo vecchia per tremare.

# Geography 1

I judge from my geography, here there are no volcanoes
the earth doesn't break apart, houses stay
nailed to the rocks. The island has no lava, no vipers,
it slides imperceptibly as the continents
moving at the pace of a growing fingernail.
It cracks open only for the sun, too old for trembling.

# Geografia 2

159 km da Mandas ad Arbatax
una vetrina con fiori di plastica
un'aiuola con fiori veri
il cimitero alle porte dopo la piazza con la chiesa
il campanile medievale a strisce
bandiere per la festa,
un vecchio su una panca di pietra.

(Non so farlo parlare, il silenzio è accurato
come dice Rothko nei suoi scritti
a chi gli domandava spiegazioni sulle tele).

È meglio annotare: tre file di sugheri
senza corteccia, oleastri, ginepri.
Una sequenza di paesi silenziosi,
piú silenziosi quanto piú il mare si allontana.
Un gregge, un cane.
Una ruspa che scava.
Una macchina piena di ragazze
sale sulle colline della Marmilla,
che è il nome modificato di mammella,
è terra calva e gialla.

La mia mente matematica cerca di calcolare
l'età delle ragazze, l'altezza delle colline,
e quanto può impiegare una pietra a rotolare
fino a colpire una seconda macchina che sale.
La mia mente politica ricorda
che a sud della costa occidentale si stendono
i profitti di un impero, gente del fare
affare del dire e del comprare, mercanti da scacciare

# Geography 2

159 km from Mandas to Arbatax
a shopwindow with plastic flowers
a flower bed with real ones
at the gates a cemetery after the piazza with the church
the striped medieval bell tower
flags for the feast,
an old man on the stony bench.

(I cannot make this talk, silence is accurate
as Rothko writes responding
to questions about his canvas.)

It is better to take notes: three rows of cork oaks
stripped of bark, oleasters, junipers.
A sequence of silent villages,
the more silent the farther away is the sea.
A flock, a dog.
A backhoe digging.
A car full of girls
goes up the hills of the region—Marmilla,
a name that comes from mamma,
it is a bald and yellow land.

My mathematical mind tries to calculate
the girls' ages, the hills' height,
and how long a stone would take to roll down
before it hits a second approaching car.
My political mind remembers
that in the south of the western coast are laid
the profits of an empire, go-getters busy
with saying and buying, banished merchants,

invece che morte per fame morte per malattia
fumo per i polmoni acqua nera e cani
peste per San Roc senza conchiglia.

La mia mente imparziale cerca di separare reale da irreale
ma il nostro passato è cresciuto
tanto da non poterlo fendere
né attraversare a piedi, aereo o nave.
So che non ha importanza se ci sbrighiamo a dimenticare.
Le sequenze di desiderio, la pellicola in cui ci muoviamo
a scatti che si placano: questo significa
imparare a decifrare.

Torno al paesaggio, alle ossa delle bestie
confuse con quelle dei sequestrati.
Ricordo che a sud-est c'è un lago artificiale
porta acqua e zanzare. Nebbie verdi.
Non ci sono orti, ma pioppi
bianco metallo da ipnotizzare.

Un gruppo di corvi circonda le rovine del Lazzaretto.
Un altro volteggia sui detenuti della Colonia penale.
Mancano 70 km alla costa.
La vegetazione è diventata fitta
rami di bosco e spine fanno tac sui vetri.
Cerco di ricordare un tuo gesto
ma non ho pazienza
so che se lo faccio mi colpisce il male.

Il treno rallenta la luce si apre il mare appare
uguale a sempre ma utile per sempre
a dimostrare come la pelle impallidisca
e si fenda se si tiene troppo a lungo nel sale.

instead of death from hunger, death from sickness
smoke for the lungs black water and dogs
a plague for Saint Roch without his shell.

My impartial mind tries to separate the real from the unreal
but our past has grown
to a point where it cannot be severed
or crossed by foot, plane, or ship.
I know it won't matter if we hurry to forget.
The sequence of desire, the film where we move
in spurts and stops: this calls for
learning to decipher.

I go back to the landscape, to the bones of beasts
confused with the bones of the kidnapped.
I recall that in the southeast there is an artificial lake.
It carries water and mosquitoes. Green fogs.
No orchards, instead poplars
of a metallic hypnotic white.

A flock of crows surrounds the ruins of the Lazzaretto.*
Another twirls over the inmates of the penal colony.
70 km separate us from the coast.
The vegetation thickens
sticks and thorns clattering against the windows.
I try to remember one gesture of yours
but I have no patience
I know that if I do, pain will hit me.

The train slows down the light opens up the sea appears
the same as ever but useful for ever
to demonstrate how the skin goes pale
and cracks if you salt it too long.

*The name of a beach in the municipality of Alghero.

49

## Lacrime

Rileggendo il sesto libro dell'*Eneide*
davanti a questo lago artificiale coi resti di una chiesa
raggiungibile ormai soltanto in barca
penso a come resista nei secoli
l'immagine della casa dei morti,
a quanto desiderio spinga i vivi nella gola degli inferi
solo per simulare un abbraccio impossibile,
a come le mani che penso di toccare siano rami
di lecci, querce, abeti—alberi di natale,
specie inusuale in queste terre.
Nel vecchio paesaggio c'era il fiume
dove le donne andavano a lavare.
Stendendo le lenzuola sulle pietre
raccontavano di come le ombre delle madri
scendessero a turno dalla rupe solo per asciugare
le lacrime che continuavano a colare.

# Tears

Rereading the sixth book of the *Aeneid*
in front of this artificial lake and the ruins of a church
that can be reached these days only by boat,
I think of the image of the house of the dead
how it lasts through centuries,
how much desire urges the living toward the cleft of the
    underworld
only to simulate an impossible embrace,
how the hands I imagine touching are indeed branches
of holm oaks, oaks, spruces—Christmas trees,
unusual species around here.
In the old landscape, there was the river
where women used to wash clothes.
Hanging bedsheets on stones
they told how the shadows of their mothers
came down from the cliff only to dry
the tears they continued to shed.

*Historiae*

Ci sono tracce! O sento solo io i perduti, gli stranieri,
i prigionieri tempestati di spine, le loro voci
murate in questi templi i loro lividi prima neri poi gialli
sulla pelle delle colonne, il sangue
rappreso mentre le fontane spalancano le fauci
indisturbate dalle feci di cavalli e cani.

*Is there any sign? Or I am the only one who hears the lost*
*ones, the foreigners,*
*the prisoners studded with thorns, their voices*
*walled up in these temples their bruises first black then*
*yellow*
*on the columns' skin, the blood*
*clotted while fountains were opening their jaws*
*undisturbed by the scat of horses and dogs.*

# Annales

Rileggendo Tacito durante questa estate di massacri
il conforto veniva dal latino, la nudità dei fatti,
l'assenza o quasi di aggettivi,
il gerundio che evita inutili giri di parole.
Confrontando la traduzione con l'originale,
il testo italiano colava piú lentamente sulla pagina.
In giorni pieni d'insegne levate in diversi schieramenti
la sintassi agiva come un laccio emostatico,
frenava enfasi e lacrime.
Sestilia, la madre dei Vitelli, non esultò ci dice Tacito,
mai per la fortuna, sentí soltanto le sventure familiari.
Il grigio libro di Tacito
scritto quando il suo autore aveva sessant'anni
dice soltanto ciò che deve. Sul grigio orizzonte
degli *Annales* non c'è posto per i paesaggi o per l'amore:
Ci cura questa forma lapidaria:
"La radicata cupidigia dei mortali,
i premi ai delatori non meno abominevoli dei crimini,
il metallo che decreta l'oro."

# Annales

Rereading Tacitus in this summer of massacres
solace arose from Latin, the naked facts,
the near absence of adjectives,
the gerund that avoids useless turns of phrase.
Comparing the translation to the original,
the Italian text was dripping more slowly on the page.
In days full of banners raised by many parties
syntax acted as a tourniquet,
stopping emphasis and tears.
Tacitus says that Sextilia, Vitellius's mother,
never exulted, never felt her fortune, only
her family's misfortunes. His gray book,
written when he was in his sixties,
only tells what it must. Within the gray horizon
of *Annales* there is no place for landscapes or love:
this lapidary form is a cure for us:
"The ingrained greed of mortals,
the rewards for the informers no less abominable than
    crimes,
the iron that decrees the gold."

# Esilii

*...plenum exiliis mare, infecti caedibus scopuli.*
—Tacito, *Historiae*, I, 2

Oggi penso ai due dei tanti morti affogati
a pochi metri da queste coste soleggiate
trovati sotto lo scafo, stretti, abbracciati.
Mi chiedo se sulle ossa crescerà il corallo
e cosa ne sarà del sangue dentro il sale.
Allora studio—cerco tra i vecchi libri
di medicina legale di mio padre
un manuale dove le vittime
sono fotografate insieme ai criminali
alla rinfusa: suicidi, assassini, organi genitali.
Niente paesaggi solo il cielo d'acciaio delle foto,
raramente una sedia, un torso coperto da un lenzuolo,
i piedi sopra una branda, nudi.
Leggo. Scopro che il termine esatto è *livor mortis*.
Il sangue si raccoglie in basso e si raggruma
prima rosso poi livido infine si fa polvere
e può—sí—sciogliersi nel sale.

# Exiles

*...the sea swarmed with exiles and the sea cliffs*
*were stained with murder.*

—Tacitus, *Histories*, I, 2


Today I think of two, out of the many who drowned
just a few meters from these sunny coasts,
found under the hull, in a tight embrace.
I wonder if coral will grow on their bones
and what salt does to the blood.
So I study—I search in my father's
old books of forensic medicine
for a manual where victims
are photographed at random beside the criminals:
suicides, murderers, genitals.
No landscapes, only the steel sky of the pictures,
rarely a chair, a torso covered with a bedsheet,
feet over a cot, naked.
I read and I learned that the precise term is *livor mortis*.
Blood gathers in the lower body and coagulates
first red then livid finally turning to dust
it might—yes—melt into the brine.

## Lesbos, 2015

Potrebbero essere a caccia—ma non portano fucili
avanzano con cautela dentro gli uliveti
se sono stanchi dormono
appoggiando la schiena contro i muri.
La città è crollata, da qui non si vede piú il bagliore
tra le case—non stoppie, ma micce,
con brande arroventate, e pneumatici in fiamme.
Potrebbero essere a caccia, se avessero un luogo
dove ritornare, coperte per le ossa e un fuoco
in un camino, fuoco vero non quello che hanno chiamato
fuoco-amico, ignaro come quello nemico di bambino.

## Lesbos, 2015

They could be out hunting—but they don't carry rifles
they cautiously advance into the olive grove
if tired they sleep
leaning their backs against the walls.
The city collapsed, from here you cannot see the glare
between the houses—no longer stubble, now fuses,
with red-hot clots, and tires on fire.
They could be out hunting, if they had a place
to return to, blankets for their bones and a fire
in the fireplace, real fire not the one they called
friendly fire, oblivious like this one, enemy of children.

# Nel freddo

I.

Pensa i morti e questi vivi che vanno verso casa
tra la pioggia e i lampioni, osservali
solo per un momento quando i gesti si fermano
dentro il suono del traffico e dei tuoni,
seguili nelle stanze ora dense di offese,
ora di amore, atomi che pensiamo perdurino
e che invece si perdono nel vuoto
che ci scuote al vento delle stelle e dei pianeti.

# In the Cold

I.

Think of the dead and the living, those who go home
between the rain and streetlamps, look at them
only for a moment when their gestures end
inside the sound of traffic and thunders,
follow them into rooms now packed with insults,
now with love, atoms that we think can endure
and that instead vanish into the void
shaking us in the wind of stars and planets.

**2.**

La pelle delle mani sfavilla vicino alla fiamma dei fornelli
le parole sulla carta troppo povere
chiedono un lavoro immediato. Impegnarsi
a preparare il mattino come si prepara il caffè
premere polvere nera sull'acciaio,
per poi soffiare sull'amaro.
Nella radio ronza l'inferno.
Tendo l'orecchio a Morte, a come arriva.
Sparano alle grandi porte dell'Est
raccolgono corpi nei mercati del Sud.

2.

The skin of the hands glares next to the burner's flame
words on paper too poor
asking for a job right away. To put an effort
into preparing the morning as you prepare coffee
push dark dust on steel,
and then blow on what's bitter.
At the radio hell buzzes.
I keep an ear out for Death, and how it will arrive.
They shoot at the great gates of the East
they collect bodies in the marketplaces of the South.

## 3.

Dalla finestra osservo l'acacia ancora nera, le luci
ancora accese del Gasometro. Il ferro, l'aria, il legno,
gli esseri umani che fendono la notte
fissi verso il loro futuro
mentre rifanno i letti e accendono il gas nelle cucine.
Come si spalancano le case, come diventano scarlatte
prima di spegnersi al mattino, come si riempiono
di mani e braccia che si toccano,
come dentro quest'ora:

8:00

scendiamo in ascensore
ignari del libeccio sulle coste,
dei corpi già stretti nelle tele cerate e nella juta.

10:00

La radio manda in onda un concerto di Bach
il solo sembra che permetta anche ascoltando,
di montare le tende su una scala o cucinare,
concentrandoci dunque nonostante il piacere.
Eppure il cranio può colmarsi di lacrime
o il sangue colare giú dalle narici.
Sono avvisi del corpo
che ancora non conosce il suo destino.
Sintomi per ricevere a distanza i segnali del male,
accoglierlo sotto la forma di minerali e liquidi
acqua, sangue, sale.

## 3.

From the window I look at the acacia, still black, the lights
of the gasometer, still on. The iron, the air, the wood,
human beings who split the night
focused on their future
as they make the bed and turn on the gas in their kitchens.
How the houses open wide, how they turn scarlet
before fading in the morning, how they fill
with hands and touching arms,
how within this hour:

8:00 a.m.

we take the elevator down
oblivious to the western wind on the coast,
the bodies already tight in oilskin and jute.

10:00 a.m.

The radio, wave after wave, sends out a Bach
concerto. The only way you can listen while
you cook or stand on a ladder, putting up curtains,
focusing on the task despite the pleasure.
Yet the skull can brim with tears
or blood can pour from the nostrils.
These are warnings from the body
that still does not know its destiny.
Symptoms to receive, from a distance, the pain signals,
to accept, in the shape of minerals and liquids,
water, blood, salt.

## Agosto 2017, cronache

Troppo deboli per salire le scale
confusi negli spazi un tempo abitati da altri
esclusi dall'estate se non per assistere ai roghi,
in grado di trovare conforto solo nel rito del pranzo.
Spaventati dalla televisione:
due come loro trovati sulla porta di casa
salvi ma con i vecchi crani per metà bruciati.
Troppo vecchi per fuggire,
portati a braccia per essere curati,
gridano increduli appena vengono sfiorati.

## August 2017, Chronicles

Too weak to climb the stairs
confused inside the space once occupied by others
excluded from the summer except for tending the fires,
finding comfort only in the rituals of meals.
Scared by television:
two just like them found at the front door
saved but with their old skulls half burned.
Too old to run away,
borne in arms toward healing,
crying out incredulously when they are touched.

# Confini

L'ennesima notizia della strage arriva questa sera
nell'ora in cui messi gli ultimi panni in lavatrice
si scoperchiano i letti per dormire.
Sullo schermo del televisore unica luce nella stanza buia
scorrono visi morti e morti vivi, lampi di armi,
corpi nudi e dentro ai calcinacci un cane.
La storia moltiplica i suoi spettri, li affolla
ai confini degli imperi nell'èra di ferro che ci irradia.
Ha inizio un assedio senza nome.
Acque reflue, alluvioni, rocce spaccate
in cerca di petrolio. Resistono gli schiavi
intenti a costruire le nostre piramidi di beni.

# Borders

The latest news about the carnage came tonight
in the hour when you put the last clothes in the washer
and pull back the covers, getting ready for bed.
On the TV screen, the only light in the dark room,
you see dead faces and the living dead pass by, flashes
    from weapons,
naked bodies and a dog amid pieces of plaster.
History multiplies its specters, bunches them
at the edge of empires in the age of iron that irradiates us.
A nameless siege has begun.
Wastewater, floods, fractured rocks
in search of petroleum. The slaves endure it,
intent on building our pyramids of goods.

# Oikos

Mi illudo di raccogliere queste vostre vite,
ancora, nonostante gli anni, non compiute,
cosí mi sembrano viste dal basso
mentre vi affacciate a salutarmi un po' timidi,
abbracciati, tra le ortensie schierate sul balcone.
Dormirete tra poco, cullati
dal senza-niente del televisore
che nessun baratro eguaglia
e poi furtivamente in piena notte dimenticando
di spegnere le luci andrete verso il letto per sognare
—cosí mi raccontate l'indomani (e io penso:
che bello questo *ancora*)—
di suoni che continuano a ronzare
di sabbie mobili ma secche
come in quel documentario—visto ieri—
di nomadi e altopiani, forse in Asia centrale.

# Oikos

I am fooling myself gathering these lives,
yet, despite the years, unfinished,
so they seem to me viewed from below
as you turn to greet me a little timidly,
embraced, among the hydrangeas lined up on the balcony.
You will soon sleep, lulled
by the television's array of nothings
that no chasm can equal
and then furtively in the heart of night forgetting
to turn off the lights you will go to bed to dream
—so you will tell me the day after (and I think:
how beautiful this *after* is)—
about the sounds that continue to hum
about quicksands except dry ones
just like in that documentary—the one yesterday—
on nomads and plateaus, maybe in Central Asia.

# Perlustrazione I

Entro con mia madre nella morte. Lei ha paura.
Cerco nella filosofia qualcosa che ci aiuti,
parlo della cicuta e degli stoici,
dico la solita frase che quando noi ci siamo, lei,
la morte, scompare, ma non funziona
anzi cresce dentro di me il terrore.
Aspetta, le dico mentre dorme ora vado a guardare.
Perlustro la zona (sarà quella?)
solo per constatare che non c'è difesa,
che il suo spazio, quello che la fisica dice
sia presente fin da quando nasciamo,
è sguarnito di ogni compassione
e il tempo è davvero il buco che divora.
Allora mi stendo contro di lei dentro il suo letto.
Aspetto come smette il suo odore mentre muore.

## Searching I

I enter with my mother into death. She is scared.
I search in philosophy for something to help us,
I talk about hemlock and the Stoics,
I state the usual sentence that when we are here, she,
death, disappears, but it does not work
instead terror grows inside me.
Wait, I tell her while she sleeps now I'll go and see.
I explore the zone (is it the right one?)
only to establish that there is no defense,
that its space, the one that the laws of physics say
has been present ever since we were born,
is bare of any compassion
and time truly is a devouring mouth.
So I lie down next to her in her bed.
As she dies I wait for her scent to end.

# Historiae I

Prima di essere sconfitto dai cristiani, Massenzio eresse
al figlio Romolo un grande Mausoleo pagano.
Nessuna guida dice quanti anni avesse
il ragazzo né quale sia stato il motivo della morte.
È marzo, il sole scalda le pietre,
due reti aranciori difendono il restauro dalle frane.
Scendendo in quella luce da ipogeo
ascoltiamo l'eco dei suoni.
"Forse era là" dice una voce.
Indica una tana tra piante nate nell'umido
vive anche senza calore.
Nessuno grida, i cani sono con i padroni.
Due uccelli simili all'ibis solitario si posano sul muro
poi volano in un tonfo oltre un pino romano parasole.
Penso a Romolo, alla sua tomba imperiale
e la paragono al varco tra la sedia e il tuo letto
un mausoleo eretto a caso
e visitato con cautela dal gatto.
Mi chiedo se davvero Massenzio desiderasse Roma
o non fosse già come noi siamo ora
stretti a una forma senza segno, privi di vittoria.

# Historiae I

Before he was defeated by the Christians, Maxentius erected
a great pagan mausoleum for his son Romulus.
No tour guide tells how old the boy
was or even the cause of his death.
It is March, the sun warms the stones,
two orange nets protect the restoration from landslides.
Going down into that hypogeum's light
we listen to the echoing sounds.
"Maybe it was there" says a voice,
pointing to a lair amid the plants
growing in the cold damp.
Nobody screams, the dogs are with their masters.
Two birds resembling the solitary ibis land on the wall
then fly thudding beyond the Roman parasol pine.
I think of Romulus, his imperial tomb
and I compare it to the gap between the chair and your bed
a randomly erected mausoleum
cautiously visited by the cat.
I wonder if Maxentius really wanted Rome
rather than being as we already are now,
tied tightly to an uninscribed form, without victory.

# '15–'18

A volte mi illudo di afferrare i nessi tra le cose
mio nonno in trincea a diciassette anni
che scrive versi d'amore ignaro
che l'inferno doveva ancora venire.
Lui vivo e tutto il resto perduto
a cominciare dalla bambina
sepolta in Istria con sua madre.
Di notte stabilisco i nessi tra le cose
rivedo un vecchio esitare sulle scale
scambiare il vuoto per un lago
e le ringhiere di ferro con le felci.
Lo vedo mentre cade facendo di se stesso
un nodo di vestiti e vetri per provare
finalmente a rovesciare il male.

# '15–'18

Sometimes I fool myself that I can grasp the links
    between things
my grandfather in the trenches seventeen years old
who is writing love poems ignorant
of the hell still to come.
He's alive, all the rest lost
starting with the infant girl
buried in Istria with her mother.
At night, I set out the links among things
I see again an old man hesitating on the stairs
who mistakes the void for a lake
and the iron railings for ferns.
I see him as he falls torquing himself into
a knot of clothes and glass in his last
attempt to turn back the pain.

## Boschi, acque

Quando mia madre nuotò per l'ultima volta
il mare stormiva come un pioppo.
Un ramo ingrossava la corrente.
Lei cantava nel caldo—nella voce un frinire di cicale
sulle caviglie le alghe rosso-cupo.
Il corpo si rovesciò da solo,
il mento immerso nell'acqua
servì a trascinarla fino a riva.

# Woods, Water

When my mother swam for the last time
the sea was rustling like a poplar.
A branch was swelling the current.
She was singing in the heat—in her voice the chirrup of
    cicadas
on her ankles dark red seaweed.
Her body revolved on its own,
her chin immersed in water
was enough to drag her to the shore.

# Sois sage

*Sois sage, ô ma Douleur, et tiens-toi plus tranquille.*
—Charles Baudelaire, "Recueillement"

Spegniti dolore anche solo per poco,
quel piccolo decrescere che concedono i farmaci,
ecco vedi è già notte il lago è nero,
il monte si replica sull'acqua,
che facciamo ancora svegli io e il tuo bruciore?
Vieni sonno confondici, rendi la schiena duttile,
scorri, concedici una tregua, addormentaci piano
non importa quanto tempo ci metti,
le dita sul lenzuolo sono ghiaccio e la spalla una fiamma
una distesa di neve e in alto un focolare.
Spegnetevi dolori oppure quietamente
andate dentro il sogno diventate echi
almeno per un po' in quello spazio pietoso.
Siate gentili durare tanto a lungo non è saggio.

# Behave

*Behave, oh pain of mine, and be calm.*
——Charles Baudelaire, "Meditation"

Burn yourself out, pain, even if only a little,
that little diminishment granted by the drugs,
you see it's already night the lake is black,
the mountain mirrors itself on the water,
what are we doing still awake, your sting and I?
Come, sleep, confound us, bend the back,
flow, allow us a truce slowly put us to sleep
it doesn't matter how much time it takes,
the fingers on the sheet are ice and the shoulder a flame
a stretch of snow and above a fireplace.
Burn yourselves out, pains, or quietly
enter the dream become echoes
at least for a while in that piteous space.
Be kind for to last long is not wise.

# Davanti agli armadi dei morti

I.

Si resta giorni interi inginocchiati tra stoffe,
cinture, guanti rovesciati dai cassetti
indecisi su cosa regalare, tenere, buttare,
poi l'incertezza trova la sua strada: infilare
la testa nel monte piú fitto della lana, stringersi
al nero dei cappotti, masticare in letargo
la pena lasciata come cibo. Farsi una tana
e lí aspettare che ritorni l'amore per i vivi.

# In Front of the Closets of the Dead

1.

You spend whole days kneeling among the fabrics,
belts, gloves pulled from the drawers
uncertain about what to donate, keep, toss,
then the incertitude finds its way: to put
your head through the thickest mountain of wool, to hold
the black of the coats, lethargically chewing
the grief that lingers like leftovers. To make a den
and wait there for love to return among the living.

**2.**

*...coperta di neve tanta neve.*
—Vivian Lamarque, "Madre d'inverno"

Sí è questo vegliare una madre in ospedale: ascoltare
il respiro scavarle nei polmoni, tenere quella mano
che non sa stringere la tua, seguire con lo sguardo
la marea del lenzuolo.—Uno scoglio—
dicevi—pieno di spine.
Lo provavi a tagliare con le dita modulate a scure,
quattro dita unite, una piccola mannaia.
Questo è stato l'ultimo gesto,
la mano si alzava e si abbassava sempre piú lentamente
fino a ridursi a un minuscolo raspare.
Niente forza per scrivere,
ho conservato la carta dove avevi tracciato
una vocale immensa: una A o una O, una bocca di vuoto
dentro il foglio. Hai provato due volte,
poi la penna è caduta.
Ma avevi visto bene, A e O sono le iniziali del dolore,
il padrone del corpo prima di entrare
per sempre dentro il sonno
di quella compassione che i medici chiamano sedazione.

**2.**

Yes, it is this vigil at a mother's hospital bed: to hear
her breath digging into her lungs, to hold that hand
that cannot shake yours, to follow with your gaze
the ebb and flow of the bedsheet.—A reef—
you used to say—full of thorns.
You tried to cut it with your fingers shaped into an ax,
four fingers joined, a little cleaver.
This was the last gesture,
the hand used to rise and come down always more slowly
until it was reduced to a tiny rasp.
No strength to write,
I saved the paper where you had marked
an immense vowel: an A or an O, an empty mouth
within the sheet. You tried twice,
then the pen fell.
But you saw it right, A and O are the initials of sorrow,
the master of the body before entering
forever into that compassionate
sleep that doctors call sedation.

3.

*Allor soffiò il tronco forte, e poi*
*si convertí quel vento in cotal voce.*
　　　　　　—Dante, *Inferno*, XIII, 91–92

Era lei, nel vapore salito dai cespugli?
La chiamai pur sapendo anche io come tanti
che la risposta sarebbe stata il silenzio,
eppure emisi un suono
percependo nella mite pazzia di quel richiamo
il lembo di una stoffa, l'orlo di un gomito, la pelle.
Due volte strinsi a vuoto il suo nulla
due volte mi abbracciai
finché mi vinse il freddo. Rientravo nel vestibolo
ingombro di cappotti, di stivali infangati. Dalla cucina
veniva lo scroscio dei piatti nel lavabo,
tutto imponeva di scacciarla,
dettava le regole dei vivi
nell'odore del cibo sopra il fuoco.
"Non era lei"—mi dissi—"ma una falce di nube
che correva in alto a lato della luna."

3.

*Then the trunk exhaled heavily, and later*
*that wind converted to this voice.*
                    —Dante, *Inferno*, XIII, 91–92


Was she there, in the vapor coming from the brushes?
I called her although I knew as many others knew
that silence would be the answer,
still I made a sound
sensing in the mild craziness of that call
the hem of a fabric, the edge of an elbow, the skin.
Twice I grasped her nothingness in vain
twice I held myself
until the cold won me. I was going back to the vestibule
cluttered with coats, and muddied boots. From the kitchen
came the pounding of plates in the sink,
everything was demanding she be sent away,
was setting down the rules of the living
in the smell of food on the fire.
"She wasn't there"—I said to myself—"it was a sickle of
    cloud
curving up the side of the moon."

## Artica

1.

Vedo i letti di chi amo disporsi in lunghe file,
ogni letto un corpo e un nome.
Più tardi sistemerò la poesia, ne farò una casa
con tetti a punta esatti per la neve. Ora bisogna uscire,
vivere per chi resta, scolpire
ogni giorno di nuovo la sua forma, lottare
per quel corpo che l'aria comunque disferà a folate.

# *Arctic*

I.

I see the beds of those I love lining up in long rows,
each bed a body and a name.
Later I will fix the poem, I will make it a house
with pointed roofs perfect for the snow. Now we must leave,
live for those who remain, carve
their form every day anew, fight
for that body that the air nevertheless will break down in
    gusts.

**2.**

Se avessi avuto piú tempo là nel buio estivo
con l'edera che filtrava dalle grate
nella camera che chiamano ardente per i ceri
o il rogo che ci attende, o forse davvero per l'ardore
con cui chiediamo a chi ci lascia: resta,
le avrei detto cose semplici, quotidiane,
per l'ultima volta toccandole le mani.

**2.**

If I had had more time there in the summer dark
with the ivy filtering through the grates
into the chamber called *camera ardente* because of the
    candles
or the pyre that waits for us, or maybe because of our ardor
when we ask of those who are leaving us: remain,
I would have told her simple things, ordinary things,
for the last time touching her hands.

3.

Se l'avesse vista
se avesse visto la sua forma mortale
spalancare stanotte il frigorifero
e quasi entrare con il corpo
in quella navata di chiarore,
muta bevendo latte
come le anime il sangue
spettrale soprattutto a se stessa
assetata di bianco, abbacinata
dall'acciaio e dal ferro
bruciandosi le dita con il ghiaccio
avrebbe detto che non è lei. Non è
quella che morendo ho lasciato
perché mi continuasse.

3.

If she had seen her
if she had seen her mortal form
opening the refrigerator wide tonight
and with her body almost entering
into that aisle of dim light,
mutely drinking milk
as the souls drink blood
spectral mainly to herself
thirsty for whiteness, dazzled
by steel and iron
burning her fingers with the ice
she would have said it wasn't she. She wasn't
the one I left dying
so that she could let me go on.

# Amore

*Assomiglia a un pigiama!*
*Il suo odore fa pensare a un lama!*
—W. H. Auden,
"Oh, dite che cos'è davvero Amore"

Somiglia a un pigiama e ha un odore di lama
e ci sono altre cose: l'asciugamano che si può scambiare
le poltrone vicine davanti al televisore
l'insofferenza per le reciproche mancanze
che però si svuota come si fa con le buste della spesa.
Molte leggende, il sesso sopravvalutato
ma non la solitudine che segue.
Il resto è molto poco.

Quando morí mia madre mio padre radunò i vestiti,
se li mise sul petto, un cumulo di stoffa
e restò a lungo cosí, sotto quel peso di calore,
una notte e un giorno,
per poi alzarsi e innaffiare
le piante già secche sul balcone.

# Love

It looks like pajamas and smells like llamas
and there's more: the shared towel
the armchairs side-by-side in front of the TV
insufferable mutual shortcomings
emptied out like endless shopping bags.
Plenty of legends, the overestimated sex
but not the solitude that comes next.
The rest doesn't amount to much.

When my mother died my father gathered up all her clothes,
he piled them on his chest, a heap of fabric,
he stayed like that for a long while, under that warm
　　weight,
a night and a day,
only to then come back to stand and water
the plants, already dry on the patio.

## Hoc corpus meum

ma è insieme che continuiamo
a sprofondare, gomiti a cuneo,
ginocchia sbilanciate
mani che stringono il lenzuolo.
Solo spenta la luce si ripone il giogo
liberi di sognare ma divisi in due corsie,
come per un'operazione diverse anestesie,
e da quel vuoto una marcia su due binari bui.

## Hoc Corpus Meum

but it is together that we go on
collapsing, bent elbows,
wobbly knees
hands that are holding the bedsheet.
Only when the light is off, we set aside the yoke
free to dream but divided between two wards,
like two different anesthetics for a single surgery,
and out of the void on two dark tracks a single march.

# Stars

Voleva essere una di quelle madri che a carosello
pubblicizzavano il brodo star con un sorriso.
Forse per questo a un tratto si è smarrita
in un tunnel da televisione.
Sono restati i vestiti, la scorza dell'eleganza,
il parrucchiere a casa.
Sotto, è iniziata la putrefazione. Era questo il dolore
che voleva vedessimo e nessuno vedeva.
Solo a me di tanto in tanto
arrivava il suo odore per folate.
Se aprivo la finestra protestava,
l'aria non doveva disperdere la pena
e la pena non andava condivisa.
Se mi sdraiavo vicino per prenderle la mano si scostava.
Da morta—come insegna un sito funebre francese—
le ho ricomposto il viso
infilando molto cotone nella gola: ha funzionato,
a un tratto era di nuovo giovane,
la madre che sarebbe stata.
Anche io allora sono diventata la figlia e l'ho baciata.

## Stars

She wanted to be one of those smiling moms on the
    merry-go-round
who advertises soups with star-shaped pasta.
Perhaps because of this she suddenly vanished
into a television tunnel.
What was left were clothes, the rind of elegance,
the hairdresser who makes house calls.
Beneath, putrefaction began. This was the sorrow
she wanted us to see and nobody saw.
From time to time her scent
came to me in gusts.
When I opened the window she complained,
the air wasn't obliged to disperse the pain
and the pain did not have to be shared.
When I'd lie next to her to hold her hand she'd sheer away.
Once she was dead—instructed by a French funeral
    website—
I tidied her face
by inserting a wad of cotton in her throat: it worked,
suddenly she was young again,
the mother that she would be.
Then I became the daughter too and I kissed her.

## Perlustrazione 2

Di notte per non svegliare nessuno con la luce
lascio che una torcia tenuta accanto al letto
mi guidi per tutto il corridoio,
stretto, senza finestre fino al varco del bagno
e poi della cucina dove bevo
notando con la coda dell'occhio
come il cielo schiarisca e si rifletta
—cerchiato dalle nubi—sull'acciaio dei tubi.
Non è molto ma basta
per scrivere qualcosa—una nota,
a volte con un barlume di poesia
in fretta su un foglio già usato per la spesa.
Torno a letto, guardo nella penombra il tuo profilo
ancora un po' infantile, alto verso il soffitto da cui pende
un lampadario a gocce. Ascolto il tuo russare, curiosa
di quel suono che il corpo orchestra col fiato, o forse
con un osso deviato verso gli occhi e la fronte.
Resto a lungo cosí pensando che l'osservare
privo di giudizio basti anche per vivere
e sia una forma—data a noi umani—per amare.

# Searching 2

At night so that I don't wake anyone with the hall light
I keep a flashlight next to the bed
to guide me through the whole narrow
windowless corridor to the door of the toilet
and then the kitchen where I drink
noticing with the corner of my eye
how the sky clears and is reflected
—circled by the clouds—on the steel of the pipes.
It isn't much but enough
to write something—a note,
sometimes a spark of poetry
quickly on a sheet already used for groceries.
I go back to bed, in the darkness I look at your profile
still a bit childlike, high toward the ceiling where
a crystal chandelier hangs. I hear your snoring, curious
about that sound that your body orchestrates with its
    breath, or maybe
coming from a deviated bone near the eyes and the forehead.
I stay for a long time thinking that observing it
without judgment is enough to go on
and be a form—given to us humans—to love.

# Opere

Sabato mattina, mia madre aggiusta le sue gonne,
scuce e ricuce, allarga e poi restringe,
allunga gli orli, li modifica inserendo nastri,
bottoni, fettucce di gros-grain, velluto, raso.
C'è un'attenzione inquieta che la inchioda alla luce
e trasforma il suo viso in un tessuto.
Se la chiamiamo non risponde
ma il suo esistere fa corpo con le cose,
sfavilla come l'ago che imbastisce
anche noi che guardiamo.

## Works

Every Saturday morning, my mother mends her skirts,
she sews and unsews, she lets out and then she takes in,
she lengthens the hems, adjusts them with ribbons,
buttons, grosgrain, velvet, satin.
There's a restless attention that fastens her to the light
and turns her face to the fabric.
If we phone her she doesn't pick up
but her existence becomes bodily with things,
gives off sparks like the needle that bastes
even those of us watching.

## Eppure

Quando sembra che la memoria di lei sia spenta
eccola tornare in un suo doppio
mentre spinge un carrello in un supermercato,
sola, nel carico di luci,
con le mani che sono quelle di un'altra
e il viso che traluce in un bagliore
tra i barattoli di vetro sui ripiani.
È invece lei davvero quando un suo spettro
fruga in un cassetto in cerca di un ditale,
mentre afferra quella minuscola cupola di acciaio
e la manovra muovendo in fretta l'ago,
con il suo sguardo verde di rapace.

## And Yet

When the memory of her seems faded
here she turns into her double
pushing the cart in a supermarket,
alone, in the cargo of lights,
with her hands that belong to another
and her face that shines in the glare
through the glass jars on the shelves.
She's surely the one when her specter
goes through a drawer looking for a thimble,
as she grabs that tiny dome of steel
and maneuvers it quickly moving the needle,
with her green rapacious glance.

*The West /*
*Occidente*

# Ghazal

Come scroscia la pioggia sui teti nella notte incipiente,
come rende accogliente la luce del forno
tra la pila dei piatti nell'ombra.
Lo sai, alcuni fuggono, altri sono macellati nel sonno.
A Levante il rosso confonde il nostro Occidente.
Il sangue stinge nell'Eufrate.
L'intelligenza di cui facciamo vanto
risputa il passato nel presente.

# Ghazal

How the rain pours on the roofs at the onset of night,
how welcoming it makes the oven's light
between the shadowed stacks of dishes.
You know, some run away, some are slaughtered in their
    sleep.
At East the red confounds our West.
Blood fades into the Euphrates.
The intelligence we are so proud of
spits the past again into the present.

## Occidente

Ecco le case contadine del Duemila,
sono in piena città nel dirupo sotto il mio balcone,
hanno orti minuscoli, qualche sedia di plastica,
un canneto e sopra i pomodori una tettoia,
sempre di plastica, ma gialla.
Vicino, c'è un circolo bocciofili:
i vecchi gridano quando la palla scocca
la sua gemella di legno nel tragitto.

Resto ferma a guardare, penso a quanto
siamo alti e miopi e assordati.
A nord delle baracche sfrecciano i treni
verso Fiumicino, lo splendente aeroporto della capitale
i vagoni sfiorano la Magliana,
i palazzi affollati di lenzuoli,
i supermercati con le merci scontate.

Era cosí il treno per turisti
che saltando la periferia
univa Buenos Aires alle ville di Tigre
bianche sopra un fiume di fango.
Non c'erano mendicanti ma ristoranti
musica, tempo mite e forse criminali
—come ovunque—che curavano il prato.

Divago, cosí vado dall'altra parte della casa,
quella piú quieta da cui si vedono i villini,
le facciate dipinte, i giardini con le palme nane.
Tutto perfetto "se non fosse"—dice un inquilino—
"per i cassoni d'immondizia," bocche di buio

# The West

Here are the peasant houses of the third millennium,
they are in the middle of town on the cliff under my
 balcony,
with their tiny vegetable gardens, some plastic chairs,
rushes, and an awning above the tomatoes,
also plastic, but yellow.
Nearby, there is a bocce club:
old men yell when the ball strikes
its wooden twin along its trajectory.

I stay still as I watch, I think how
high up, shortsighted, and deafened we are.
North of the shacks trains speed
toward Fiumicino, the gleaming airport of the capital,
cars brush up against Magliana,
buildings crowded by bedsheets,
supermarkets with discount deals.

This was the train for tourists
that skipped the periphery
to connect Buenos Aires with the mansions in Tigre
white beside a river of mud.
There were no beggars, only restaurants
music, mild weather, and maybe criminals
—just like everywhere—taking care of the lawn.

I ramble, so I go to the other side of the house,
the quieter one, from where I can see the cottages,
the painted facades, gardens with dwarf palms.
All perfect "if it weren't"—says a tenant—
"for the garbage cans," mouths of darkness

che inghiottono gli avanzi: non solo cibo, ma mobili,
vestiti, oggetti che forse si possono aggiustare.

Per questo a ore strane vengono i nostri alieni:
a volte sono donne, spesso vecchie.
Spingono un passeggino privo di bambino,
ma anche un carrello per la spesa,
e in effetti la fanno, "a nostre spese"
aggiunge l'inquilino.

In realtà cercano ferro in questa età dell'oro.
Stavolta vedo da vicino. Ci guardiamo.
È davvero impossibile lavare la vergogna reciproca?

Non so rispondere e neppure voi.
Ci muoviamo in una zona di tempo
schiuma delle ere. Sono le otto.
Dietro il condominio
si stende il nostro mondo occidentale.

L'acqua scende dai tubi, buona,
per bere, per scaldare.
Adesso inizia a piovere
una tranquilla pioggia verticale.

Ogni goccia rintocca di un ancora,
ancora respiriamo dentro l'aria invernale.
Ancora una lepre drizza le sue orecchie alla luna,
ferma, come in pensiero in una radura.

that swallow the leftovers: not just food, also furniture,
clothes, things that maybe could be fixed.

This is why our strangers come at this strange hour
sometimes, they are women, often old.
They push a stroller with no baby,
as well as a shopping cart,
and actually they are doing this "at our expense"
adds the tenant.

In fact, in this golden age, they are out looking for iron.
This time I am near. We look at each other.
Is it really impossible to wash off this mutual shame?

I cannot answer, and neither can you.
We move in a time zone
foam of ages. It is eight o'clock.
Behind our condo,
our Western world spreads out.

Water comes down through the pipes, good
for drinking, for warming up.
Now it starts to rain
a quiet vertical rain.

Every drop chimes an again,
again we breathe inside the winter air.
Again a hare pricks up its ears toward the moon,
unmoved, as if in thought in a clearing.

## Historiae 2

Il libro putrefatto dalla pioggia, l'argilla che ha smottato,
la terra stride, i piatti crollano,
i muri si scollano dai quadri,
nulla è allineato come i pianeti che crediamo di capire.
Nella scossa che i cani annunciavano latrando stamattina
con i musi puntati verso uno sciame di api immaginario
il pavimento slitta verso il vuoto. Anche noi
fuggiamo nell'onda di una memoria della specie
(oh tempesta di fuoco e di basilico,
di lampade e letti scardinati
e tu monte che inghiotti acqua e aria)
mentre la casa si scompone e scompare.

# Historiae 2

The book rotted by the rain, the clay that's slipped,
the earth screeches, plates collapse,
the walls lose their grip on the paintings,
nothing is aligned like the planets we think we understand.
Within the shock announced this morning by the barking
    dogs
their muzzles pointing toward an imaginary swarm of bees
the floor slides toward the void. We too
run away in the wake of a memory of the species
(oh storm made of fire and basil,
of lamps and beds askew
and you, mountain, gulping water and air)
while the house breaks up and disappears.

*Animalia*

I.

Ho cotto un pesce chiamato gallinella:
pingue, rosato, con gli occhi tondi, stupiti.
Una gallina d'acqua mansueta
anche lei con le uova e la coda
e invece delle ali due pinne
per avanzare sul fondale.

Tanta prossimità mi riguardava.
Con le mani ferme sul bordo del lavabo
m'interrogavo sulla natura della compassione
dubitando che bollire in un brodo la mia preda
fino a vedere il bianco velare quello sguardo
facesse parte davvero della mia evoluzione.

I.

I cooked a fish called a sea robin:
fat, rosy, round-eyed, stupefied.
A water robin, docile,
with eggs and tail too
and instead of wings two fins
for moving forward on the seafloor.

All this proximity looked back at me.
With my hands on the sink's edge
I questioned the nature of compassion
doubting that boiling my prey in a broth
until a white veil covered that glare
could really be part of my evolution.

2.

Pindaro dice che il poeta deve custodire come un drago
i pomi delle Muse, ma io cresciuta tra cristiani
ho trafitto la mia parte di drago scalzando bene le scaglie
come faccio nel lavabo con i pesci.
Un gesto poco santo ma chirurgico
per il quale ci vogliono guanti, forbici
e molta acqua corrente.
È ascoltando il suo scroscio che inizio a meditare.
Fisso le piastrelle azzurre che ho di fronte
senza pensare al tempo, anzi pensandoci,
solo murandolo, quadrato per quadrato
nello smalto che isola i fornelli.

Mettiamoci al lavoro dico a me stessa.
Butto nell'olio i pesci
e guardandoli friggere penso a ciò che deve fare il poeta
a quella custodia di pomi, a quelle Muse.
È chiaro che non c'entra il drago,
semmai ci vuole una gallina,
la bestia che cova l'uovo dei versi:
bianco di vuoti, rosso per le parole.

**2.**

Pindar says the poet must guard the apples of the Muses
like a dragon, but I grew up among Christians,
I pierced my dragon side by scraping off the scales
the way I clean fish in the sink.
A barely saintly gesture, but surgical.
You need gloves, scissors,
and a lot of running water.
Listening to its splash, I start to meditate.
I stare at the blue tiles in front of me
not thinking about time, yet thinking about it,
just tiling it, square by square
across the enamel that frames the stove.

Let's get to work, I say to myself.
I throw the fish in the oil
and watching them fry I think of what the poet must do
as guardian of apples, about those Muses.
Clearly, the dragon is irrelevant,
if anything, we need a hen,
the creature that hatches the egg of verses:
white with voids, yellow with words.

3.

Vicino alla finestra (era novembre) un'ape barcollava
ubriaca di freddo o di vecchiaia.
Anche aprire il vetro non l'avrebbe salvata.
Ho lasciato allora che si perdesse in casa
e il giorno dopo l'ho trovata di nuovo
vicino alla finestra in un angolo scuro,
le zampe tese, rovesciata. Fuori, da una nube più grigia
è sceso il temporale, i fulmini scoscesi sulle case.
L'ape dormiva la sua morte di ape senza miele.
Stavolta ho spalancato i vetri, ho soffiato con forza
e si è posata un'ultima volta sulla terra bagnata.

## 3.

Next to the window (it was November) a bee staggered
drunk with cold or old age.
Opening the pane would not have saved her.
So I let her get lost in the house
and the day after I found her again
next to the window in a dark corner,
her legs stiff, upside down. Outside, the storm fell
from a grayer cloud, the thunder steep over the houses.
With no honey, the bee was sleeping her bee death.
This time, I opened the windows wide, I blew hard
and the bee landed one last time on the wet earth.

4.

*a M., C., R.*

Grigia l'ora piú grigia senza un suono.
Nel grigio di uno spavento dentro l'aria.
Il cielo avvolge la lana delle nubi
intorno al fuso che ruota nel pensiero.
Vieni mio solo amore del momento
teniamoci vicini, riposa sul mio letto
—un tocco di tepore prima che la notte cada
e ci separi—, mio gatto bianco e grigio.

4.

*To M., C., R.*

Gray the most mute gray hour.
In the gray of a fear inside the air.
The sky wraps the clouds' wool
around the wheeling spindle of thought.
Come, my only love of the moment
let's stay close, rest on my bed
—a touch of warmth before the night falls
and divides us—, my cat, white and gray.

5.

Oggi mi cura guardare un grumo di formiche:
il pulsare del nero, l'affannarsi a ridosso di una tana
e il filo di necrofore con un moscerino,
lo stuolo di operaie in marcia
verso il loro villaggio da preistoria.
Tutto mi arrende a un io distante che trascende
il dolore alla schiena di ogni lungo osservare,
mi stacca dal paesaggio degli umani e lo depone
in fondo ad un cratere dove lo sguardo incrocia
l'insetto catturato, portato nei recessi, poi smembrato.
Dura un intero inverno, cibo di ogni schiera.

## 5.

Today it's doing me good to watch a cluster of ants:
that pulse of black, bustling around a hole
and the thread of necrophores bearing a gnat,
the bevy of worker ants, marching toward
their prehistoric village.
Everything surrenders me to a distant self that transcends
the backache of each long looking;
it detaches me from the human landscape and places me
at the bottom of a crater where the eye meets
the imprisoned insect, brought into the recesses, then
    dismembered.
It lasts a whole winter, food for every troop.

6.

Chi dice che il geco non è coraggioso?
semplicemente ubbidisce al suo terrore.
Divarica le unghie muovendo la coda insieme agli occhi,
il suo corpo sguscia,
dal muso viene lo stridío di una voce
—ha le corde vocali—
un grido quasi umano.
Un solo pelo delle zampe regge una formica.
Se cade può salvarsi tenendosi a una foglia,
se colpito si eclissa come fa ogni bestia.
Resta una memoria di verde e quel suo scatto
con graffi di luna contro il muro.

## 6.

Who says the gecko isn't brave?
It simply obeys its terror.
It spreads its nails moving its tail to the beat of its eyes,
its body slips away,
the screech of a voice comes from the snout
—it has vocal cords—
an almost human scream.
A single hair of the paws can hold an ant.
If it falls, it can grab a leaf,
if it's struck, it is eclipsed like any other creature.
A memory of green remains and that jolt
with moonlike scratches against the wall.

*Anatomies /*
*Anatomie*

## Anatomia

Dice un proverbio sardo
che al diavolo non interessano le ossa
forse perché gli scheletri dànno una grande pace,
composti nelle teche o dentro scenari di deserto.
Amo il loro sorriso fatto solo di denti, il loro cranio,
la perfezione delle orbite, la mancanza di naso,
il vuoto intorno al sesso
e finalmente i peli, questi orpelli, volati dentro il nulla.

Non è gusto del macabro,
ma il realismo glabro dell'anatomia
lode dell'esattezza e del nitore.
Pensarci senza pelle rende buoni.
Per il paradiso forse non c'è strada migliore
che ritornare pietre, saperci senza cuore.

# Anatomy

A Sardinian proverb says
that the devil is not interested in bones
perhaps because skeletons offer a great peace,
composed in display cases or desert landscapes.
I love their smile made only with their teeth, their skulls,
the perfection of the eye sockets, the missing noses,
the void around their sex,
and finally the hair, these frills, flown into nothingness.

It is not a macabre taste,
but anatomy's glabrous realism
praise for accuracy and brightness.
To think of ourselves as skinless makes us good.
Perhaps there is no better road to paradise
than to revert into stones, to know ourselves as heartless.

## Te lucis ante

In questa cucina invasa dal vapore
non ho un viso e tantomeno un nome.
Svuoto le buste della spesa senza mettere ordine davvero.
Salgo su uno sgabello, prendo dallo scaffale più alto
un barattolo di sugo. Il gatto sale con me
si ferma su un gradino.
Guardiamo in basso insieme
per contemplare il nostro purgatorio:
resti da cucinare, immondizia, piatti da lavare
ma la luce che filtra dalle scale
basta per acquietare le nostre anime tremanti di animali.

## Te Lucis Ante

In this kitchen invaded by steam
I have no face much less a name.
I empty grocery bags without actually tidying up.
I climb on a stool, I grab a can of sauce
from the highest shelf. The cat climbs with me
halts on a step.
We look down together
to contemplate our purgatory:
leftovers to cook, trash, dirty dishes
but the light that filters through the stairs
is enough to calm our trembling animal souls.

## Limbas, ancora

Non hai bara da trascinare sulla neve
ma un cane che trema nel buio.
Madre-lingua sei triste
l'aglio si fa nero nel rame
il rombo dal camino sale.
I venti si confondono
Eolo soffia e Babele vive.
Figlia-lingua: scricchioli a ginepro
il tuo brivido alla nascita
è un frammento di tempesta tra i pianeti,
e le nuvole, le nuvole fuggono
cancellando dai cieli ogni genealogia.


Non tenes baule 'e istrisinare in supr'e nie
ma unu cane a tremula in s'iscuriu.
Limba-matre ses triste
s'azu s'innieddigat in sa sartaine
sa mughit'anziat.
Sos ventos si coffundent
Eolo survat et Babele s'isparghet.
Fiza-limba: trachitas a ghinepru
una tremita tua naschinde
est ch'astula de livrina in mes'a isteddos,
et sas nues, sas nues a sa thurpas fughint
iscanzellande dae chelu onzi zenias.

# Languages, Again

You don't have a coffin to drag on the snow
but a dog that shivers in the dark.
Mother tongue you are sad
garlic turns black in a copper pot
the roar lifts from the fireplace.
The winds grow tangled
Aeolus blows and Babel lives.
Daughter tongue: you creak like junipers
your thrill at birth
is a fragment of a storm among planets,
and clouds, clouds flee
erasing all genealogy from the skies.

Historia de duas limbas nulla est mia,
né limba de oro né italiano,
ma c'esti su disizu misturazu
di cipressi e olivastri.

Resistono i suoni piú barbari, affiorano
misti di spine e rovi—simili a quelli dei Germani
che incupivano la voce schermandola di scudi
per spaventare se stessi prima dei nemici.

No history of two languages is mine,
neither the golden language nor the Italian,
but there remains a mixed desire
of cypresses and wild olives.

The most barbarian sounds endure, emerge
mixed with thorns and brambles—like those of the Germani
who darkened their voices screening them with shields
to scare themselves before meeting their enemies.

*Future Perfect /*
*Futuro anteriore*

# Futuro 1

Qualcuno a quest'ora avrà appena finito di sognare
mentre i popoli migrano,
qualcuno si sarà di nuovo messo a letto,
per qualcuno il mattino non diventerà mai sera,
qualcuno porterà fuori l'immondizia
e ascolterà lo scroscio della pioggia improvvisa.
Un gatto trotterà nel sentiero di ghiaia,
di nuovo sarà ancora notte,
con i platani chini sull'asfalto bagnato, le tende chiuse
e il corpo ancora in grado di obbedire.
In uno dei palazzi di fronte un cane resterà immobile
per ore vicino al suo padrone
nel suo futuro semplice di ciotola
in attesa di cibo che tintinna nell'aria.

## Future 1

At this hour somebody will have just stopped dreaming
as populations migrate,
somebody will have gone to bed,
for somebody the morning will never become evening,
somebody will take out the trash
and will listen to the roar of sudden rain.
A cat will scurry in the gravel path,
it will be night once more,
with sycamores bent on the wet asphalt, the curtains closed
and the body still able to obey.
In front of one of the buildings a dog will stay still
beside his owner for hours
in his simple future of bowls
waiting for food that pings in the air.

# Futuro 2

La distanza si incrosta di dolore
eppure è inverno, tempo di piantare cose
scavare nella terra che scricchiola di neve.

# Future 2

The distance is crusted with sorrow
and yet it is winter, time to plant things
to dig up the earth creaking with snow.

# Contrasto

Lo capite da sole parole,
non vi posso piú mostrare
con voi faccio del male. Non posso continuare.
Non voglio ferire, non voglio lusingare
ma restare nel calore minimo di un cerchio familiare.
Dunque parole siate buone, andate nel silenzio
abbasserò la voce fino in fondo.
Dalla bocca già escono solo sciami di lettere
cartigli medievali.
L'incontro dei vivi con i morti è il nostro affresco.
Serve a rinunciare.

# Quarrel

You words, you must understand,
I can't show you off anymore
with you I do harm. I can't keep this up.
I don't want to wound, I don't want to flatter
I want to stay inside the tepid family circle.
So, words, be good, join the silence
turn down my voice to the lowest pitch.
Already only swarms of words spill from my mouth
medieval cartouches.
The encounter between the living and the dead is our fresco.
Its purpose is renunciation.

*αxαxα*

È duro il cammino verso ciò che è chiaro,
l'ho capito col tempo, forse soltanto questo è il dono
di invecchiare. Lo penso mentre smacchio un lenzuolo
con la candeggina, che stinga soprattutto le iniziali,
rigide di fili, di nodi, di punti croce
sul nome infittito di vocali.

*axaxa*

It's hard, the path toward clarity,
with time, I understood it, maybe this is the only gift
of aging. I think this as I bleach the stains from
a bedsheet that it may fade the initials,
rigid with their threads, their knots, cross-stitches
of the name thick with vowels.

**SZILÁRD BORBÉLY** IN A BUCOLIC LAND
*Translated by Ottilie Mulzet*

**NAJWAN DARWISH** EXHAUSTED ON THE CROSS
*Translated by Kareem James Abu-Zeid; Foreword by Raúl Zurita*

**GLORIA GERVITZ** MIGRATIONS: POEM, 1976–2020
*Translated by Mark Schafer*

**PERE GIMFERRER** *Translated by Adrian Nathan West*

**W. S. GRAHAM** *Selected by Michael Hofmann*

**MICHAEL HELLER** TELESCOPE: SELECTED POEMS

**RYSZARD KRYNICKI** OUR LIFE GROWS
*Translated by Alissa Valles; Introduction by Adam Michnik*

**CLAIRE MALROUX** DAYBREAK: NEW AND SELECTED POEMS
*Translated by Marilyn Hacker*

**ARVIND KRISHNA MEHROTRA** *Selected by Vidyan Ravinthiran;
Introduction by Amit Chaudhuri*

**MELISSA MONROE** MEDUSA BEACH AND OTHER POEMS

**VIVEK NARAYANAN** AFTER

**EUGENE OSTASHEVSKY** THE FEELING SONNETS

**ELISE PARTRIDGE** THE IF BORDERLANDS: COLLECTED POEMS

**J. H. PRYNNE** THE WHITE STONES
*Introduction by Peter Gizzi*

**DENISE RILEY** SAY SOMETHING BACK & TIME LIVED, WITHOUT
ITS FLOW

**WANG YIN** A SUMMER DAY IN THE COMPANY OF GHOSTS
*Translated by Andrea Lingenfelter*